Robert Hertz

Le péché et l'expiation dans les sociétés primitives

essai

ISBN : 978-1532722264

10 9 8 7 6 5 4 3 2 1

Robert Hertz

Le péché et l'expiation dans les sociétés primitives

essai

Table de Matières

I. Le Pardon des péchés dans le Christianisme.

Deux événements dominent et contiennent, selon le christianisme, toute l'histoire du monde et de l'humanité : le péché du premier homme et la Passion rédemptrice du Christ. En contrevenant à la défense divine, Adam s'est séparé de Dieu ; il a détruit sa propre sainteté et sa béatitude ; il s'est perdu lui-même et tous ses descendants avec lui : oeuvre de mort, qui ne pouvait être abolie que par un homme-dieu. Par son obéissance parfaite, par le sacrifice douloureux de sa chair, par l'effusion de son sang divin, Jésus a réparé le monde que le péché avait troublé ; il a réconcilié le créateur et la créature; en triomphant de la mort, il a apporté à tous les hommes la promesse du salut.

Ces deux faits historiques révèlent à l'homme le mystère de sa double nature : il est essentiellement un pécheur, mais un pécheur racheté. Du seul fait de sa naissance et par la continuité de la chair, il participe à la corruption d'Adam : lié par le péché, il est voué à la mort. Mais, du seul fait du baptême qui le fait renaître en Jésus-Christ, il participe à l'innocence immaculée et à l'éternité bienheureuse de Dieu. Dès lors, la grande affaire du Chrétien est de conserver et de fortifier ce précieux caractère que lui a conféré le baptême ; surtout, il doit se garder de le ruiner en commettant à son tour de ces actions maudites qu'on appelle des péchés.

Par malheur, le baptême ne consomme pas d'un coup la régénération définitive du fidèle, qui le ferait entrer immédiatement dans la gloire : aussi longtemps que dure l'existence charnelle, le « vieil homme » survit dans l'enfant adoptif de Dieu et le condamne à pécher encore. Mais, par l'effet de la grâce divine, le péché du Chrétien a perdu cette fatalité de mort qu'il possédait avant le Christ : il peut toujours être expié, pourvu que le pécheur veuille obtenir de Dieu son pardon et pourvu qu'il s'y prenne comme il faut. La pénitence, dont l'Église a fait un sacrement est comme un second baptême, indéfiniment répété ; elle seule rend à l'âme, souillée parle péché, cette pureté intérieure sans laquelle nul ne peut ni prétendre au salut ni communier sans danger. Ainsi, le grand drame cosmique recommence perpétuellement dans la vie de l'Église et dans celle de chaque fidèle : renouvelant sans cesse la faute d'Adam, l'homme, doit sans cesse, selon ses forces, reproduire pour lui-même la Passion réparatrice du Christ. Même après l'expiation totale du Calvaire, l'expiation individuelle reste la loi d'une humanité corrompue, pour qui le pardon divin des péchés constitue la première des grâces, la condition de toutes les autres.

Telles sont, réduites à l'essentiel, les idées qui dominent la conscience et la conduite chrétiennes. Certes, ces idées ont été exposées, au cours des siècles, de bien des manières différentes ; quand il s'est agi de les exprimer en un langage acceptable à la raison, de les expliquer et de les justifier, les théologiens se sont divisés en écoles et leurs disputes ne sont pas closes. De même, les modes de la pénitence diffèrent grandement suivant les époques et suivant les Églises. Et enfin, la valeur attribuée au péché et au pardon varie beaucoup selon le caractère et l'humeur des diverses communautés chrétiennes et même selon l'âge et le tempérament particulier de chaque fidèle. Il n'en est pas moins vrai que le christianisme dans son ensemble peut être envisagé comme une tentative grandiose faite par l'homme pour penser sa nature, son devoir et sa destinée en termes de péché et d'expiation. Supposons qu'il existe quelque part un esprit à qui ces deux notions soient complètement étrangères : cet esprit serait hors d'état. non seulement d'accepter avec intelligence, mais même de concevoir les croyances chrétiennes les plus fondamentales.

Pour un grand nombre de nos contemporains, une semblable hypothèse est entièrement gratuite. Les idées du péché et de l'expiation sont tellement diffuses dans l'atmosphère spirituelle que respirent les peuples chrétiens qu'elles apparaissent à beaucoup comme indépendantes d'une religion historiquement déterminée et comme liées à la constitution même de la conscience humaine. Que certaines actions illicites soient comme chargées d'une malédiction effroyable dont l'effet peut dépasser infiniment l'auteur direct de la transgression ; qu'une malédiction de cet ordre soit inhérente à la nature de l'homme laissé à lui-même et à l'assouvissement de ses désirs les plus instinctifs ; - que cette malédiction puisse et doive être levée par des actes diamétralement opposés au péché et caractérisés surtout par l'humilité et la souffrance ; - que ces actes expiatoires possèdent une efficacité et une valeur infinies

I. Le Pardon des péchés dans le Christianisme.

et manifestent éminemment le principe surnaturel et divin qui est dans l'homme : toutes ces propositions rencontrent chez la plupart d'entre nous une adhésion aussi spontanée et aussi sûre que si elles étaient des vérités évidentes. Aussi les retrouve-t-on souvent, utilisées comme thèmes d'inspiration, dans les œuvres des romanciers et des dramaturges et même dans les écrits des philosophes les plus critiques, qui s'en servent comme de données sans s'attarder à en rendre compte.

Pourtant, dans ce concert longtemps unanime, des voix discordantes, de plus en plus nombreuses, se font entendre. Suivant Nietzsche, par exemple, le péché est une invention spécifiquement chrétienne, à laquelle ne correspond aucune réalité objective. Le péché n'a pas de place dans une nature soumise au déterminisme, où tout est vide de sens et de valeur. C'est l'imagination mal-saine d'hommes dégénérés et impuissants à vivre qui s'est servie du péché pour souiller l'innocence de l'être et pour justifier leur haine de la vie. Seuls, des raisonnements sophistiques ou des hallucinations délirantes peuvent prêter à quelque pauvre action morale une efficacité ou physique ou surnaturelle. Dieu n'a pas eu besoin de se faire homme pour expier des péchés inexistants; mais plutôt le péché a été créé ou magnifié par des disciples anxieux de trouver une signification divine au supplice infamant de leur maître. Quant à l'ascétisme pénitentiel, il n'a d'effet réel que sur l'organisme même du pénitent : la torture qu'il s'inflige ranime sa sensibilité émoussée et lui redonne une sorte de goût à la vie, qu'il interprète fantastiquement comme une certitude de salut. Les prêtres sont, avant tout, des psychiatres qui entretiennent cruellement l'état morbide de leurs fidèles et ne le soulagent que pour mieux servir leur violent appétit de domination. Ainsi, toutes nos idées sur le péché et sur l'expiation, toute cette orgie sanglante d'une humanité acharnée contre elle-même ne seraient que les produits d'un cauchemar affreux, près de vingt fois séculaire, dont l'Europe commence à peine, et difficilement, à s'éveiller.

Contre ces affirmations sacrilèges la foi proteste avec horreur. C'est Dieu même qui, dictant à l'homme ses commandements et ses défenses, lui a révélé la nature et les conséquences du péché. C'est Dieu même qui, sacrifiant la chair qu'il avait assumée pour le salut des hommes, leur a annoncé la bonne nouvelle de la rédemption.

Robert Hertz

Mais l'appel à la révélation divine atteste simplement le caractère sacré que la conscience des croyants prête aux idées du péché et de l'expiation ; il ne saurait arrêter une recherche résolue à traiter toutes les croyances et toutes les pratiques religieuses comme des faits humains et à essayer d'en rendre compte rationnellement. Le problème est donc posé, que cela nous plaise ou non. Quand l'homme se définit lui-même, essentiellement, comme un pécheur racheté, quand il fait consister surtout son devoir à fuir les péchés ou à expier ceux qu'il n'a pu s'empêcher de commettre, atteint-il par ces formules, comme il le croit, les réalités les plus profondes de son être métaphysique et moral ou bien est-il le jouet de sombres illusions avec lesquelles, depuis des siècles il s'amuse à se navrer ?

Mais peut-être entre ces deux conceptions extrêmes y a-t-il place pour une solution moyenne, également satisfaisante pour la foi et pour la raison

II. Critique de l'Interprétation rationaliste.

Aux yeux de beaucoup de chrétiens éclairés et des théologiens qui se font leurs interprètes, les notions du péché et de l'expiation ne présentent rien de trouble ; rien de mystérieux ; rien qui puisse choquer la raison ou la moralité humaines. Ce sont des données simples et immédiates de la conscience, dont l'expérience la plus familière nous offre une illustration concrète.

C'est Jésus lui-même qui dans la Parabole de l'enfant prodigue, nous a montré la source pure et toujours vive d'où jaillissent ces notions. Quand un père aimant et bon voit son fils décevoir son attente et dévier misérablement de la voie droite qu'il lui a tracée, comment n'éprouverait-il pas une peine immense et comment son amour trompé ne se tournerait-il pas en une sainte colère ? Et le fils, une fois l'ivresse du plaisir dissipée, quand il revient à lui-même, c'est pour constater que, par sa faute, les relations d'affectueuse intimité qui l'unissaient à son père ont pris fin: il a, de ses propres mains, élevé la barrière qui désormais le sépare de celui à qui il doit tout, de celui qu'il aime et respecte le plus. En vain voudrait-il s'endurcir : sa piété filiale réveillée ne lui laisse pas de repos ; il est obsédé par l'image de son père, irrité et souffrant à cause de lui.

Bientôt le sentiment de sa dégradation et de sa solitude morale lui devient intolérable, il n'a plus qu'une idée, qui est de réparer à tout prix le mal dont il est l'auteur et de rentrer en grâce auprès de son père. Oublieux de tout amour-propre, il va s'offrir lui-même au châtiment qu'il sait avoir mérité, le cœur rempli par l'humble regret du passé, par la confiance dans la bonté de son père et par l'espérance fervente d'un avenir meilleur. Comment la colère du père résisterait-elle à cette démarche suppliante ? Puisque son fils lui revient, il ne voit plus le coupable, il retrouve son enfant et il l'accueille dans ses bras. Le repentir sincère du fils, le pardon définitif du père ont comme aboli la faute et rétabli la paix, l'amour et le bonheur.

Cette histoire ancienne et toujours jeune nous découvre pour ainsi dire la substance spirituelle du péché et de l'expiation ; car c'est la même loi qui règle les rapports des enfants avec leurs parents et du croyant avec Dieu. Sans doute, le Père céleste est un père souverainement puissant, infiniment aimant, parfaitement bon et nos rapports avec lui revêtent, par suite, un caractère auguste et surhumain ; mais la transcendance de Dieu, si elle augmente dans des proportions illimitées la gravité de nos offenses et la profondeur de sa miséricorde, n'en change pas la nature. Le péché est essentiellement l'acte de la créature qui, au mépris de la piété filiale, accomplit sa volonté propre et non la volonté du Père ; fermant son cœur à l'amour de Dieu, le pécheur oblige Dieu à le repousser loin de lui et à l'abandonner à sa misère. L'expiation est essentiellement une conversion intérieure, un retour du pécheur à l'amour de Dieu, qui se manifeste par la souffrance volontairement acceptée et par un humble appel à la miséricorde divine. À la contrition sincère Dieu répond par le pardon des péchés, qui libère le pénitent de son angoisse et qui lui rend cette paix et cette assurance joyeuse dont sont animés les enfants de Dieu. Telle est la leçon toute spirituelle que les prophètes et Jésus ont enseignée au monde, non seulement par leur prédication, mais par la vertu plus sûre de l'exemple. S'il est vrai que le Christ nous sauve du péché, ce n'est pas parce qu'il aurait accompli jadis à notre intention un sacrifice propitiatoire merveilleusement efficace, ce n'est pas non plus parce qu'il aurait désarmé la juste colère de Dieu au moyen d'une opération juridique ingénieuse, mais, de même que toute souffrance endurée par un

Robert Hertz

juste pour le bien de l'humanité, le souvenir éternel de cette mort sublime continue d'agir dans les cœur des hommes, éveillant en eux le repentir, leur communiquant une énergie salutaire, exerçant sur tous la contagion bienfaisante de l'abnégation totale et de l'amour. Il n'y a rien dans toute cette doctrine qui ne soit rationnel et presqu'évident et personne sans doute n'aurait jamais songé à la contester, si ces vérités spirituelles n'avaient été au cours des siècles travesties par les métaphores grossières qui devaient les exprimer, obscurcies par un épais ritualisme d'origine et d'essence païennes, et enfin compromises par le parti qu'a su en tirer l'ambition de l'Église. Mais une théologie critique peut, en s'aidant de l'histoire, faire le départ entre les pures notions religieuses, qui sont éternelles, les superfétations matérielles, qui sont contingentes et caduques ; elle nous montre, en particulier dans le péché et dans l'expiation une « réalité morale » indépendante de toute « fiction juridique » et de toute « magie sacerdotale ».

Ainsi, le péché et le pardon forment les deux moments extrêmes d'un drame intime, où n'interviennent que deux acteurs, Dieu et le pécheur. Toute l'action se déroule entre ces deux êtres, seuls face à face, et mus par les sentiments les plus généreux et les plus profonds du cœur humain, sans qu'aucune contrainte, sans qu'aucune suggestion du dehors vienne troubler le jeu libre et naturel de leurs spontanéités. Que le refus de l'amour filial entraîne comme une éclipse de l'amour paternel, que le sentiment de son abandon mérité devienne bientôt intolérable au coupable ; qu'à l'humble retour du fils soumis réponde aussitôt l'accueil pitoyable du père ; enfin, que le spectacle d'une souffrance volontairement endurée par un homme de bien, produise chez tous ceux qui en sont les témoins une émotion puissante et moralement bienfaisante ce sont là des vérités d'expérience dont une psychologie élémentaire doit pouvoir rendre compte. En tous cas, on chercherait en vain dans cette histoire pathétique qui ne contient rien de matériel, de tout fait ou de mécanique, l'ombre d'une superstition dont la raison ou la moralité du plus moderne des hommes pût prendre ombrage.

Dans la mesure où cette théorie se propose pour but l'apologie d'un certain type de christianisme ou l'édification des fidèles, elle échappe à notre appréciation. Qu'une « théologie nouvelle » entreprenne d'infuser une vie plus jeune à celles des idées

II. Critique de l'Interprétation rationaliste.

chrétiennes traditionnelles qui lui paraissent « essentielles », en les accommodant aux tendances maîtresses de ce temps, c'est un dessein parfaitement légitime et qui pourrait s'autoriser de nombreux précédents historiques. Tout au plus pourrait-on contester les chances de succès d'une pareille entreprise en constatant quelles résistances elle rencontre aussi bien chez les rationalistes non croyants que chez les théologiens orthodoxes.

Mais les penseurs libéraux ne se bornent pas à proposer à notre croyance un christianisme épure et raffiné ; ils entendent faire œuvre de science et nous enseigner, en particulier, l'origine première et la signification véritable des notions du péché et de l'expiation C'est cette prétention théorique qui est difficilement admissible. De quel droit, au nom de quel principe, les nouveaux théologiens opèrent-ils une sélection parmi les éléments complexes que l'expérience religieuse leur présente et attribuent-ils aux uns une réalité essentielle et permanente, tandis que les autres sont rejetés d'emblée comme fictifs, adventices et superstitieux? Est-ce parce que les premiers seuls satisfont à nos exigences intellectuelles et morales d'aujourd'hui ? Mais c'est là manifestement prendre notre désir actuel et peut-être passager pour mesure de la réalité. Parce qu'il plaît à quelques chrétiens éclairés que la religion soit dans son fond une morale pure et raisonnable, il ne s'ensuit pas que tous les faits religieux, présents ou passes, qui ne cadrent pas avec cette conception, doivent être considérés comme des survivances ou comme des déformations païennes de la vérité spirituelle. Dira-t-on qu'on ne fait que revenir à la pure doctrine des prophètes, de Jésus et des apôtres, qui tous ont professé « la religion de l'esprit » ? Acceptons cette interprétation historique, pourtant contestable. Mais le prophétisme et la prédication évangélique ne sont pas un premier commencement ; par les représentations qu'ils mettent en œuvre, ils plongent de toute part dans la religion établie et dans le ritualisme même contre lequel ils réagissent. Il est très vrai qu'à une certaine époque du développement judéo-chrétien, des novateurs ont cherché à rajeunir et à vivifier les croyances et les émotions traditionnelles en les transposant dans la langue des sentiments humains les plus intimes et les plus personnels. Mais rien ne nous autorise à voir dans cette transposition lyrique le texte primitif de la religion véritable, débarrassé de toutes gloses. Attribuer une

Robert Hertz

valeur singulière et essentielle à une phase passagère de l'évolution ou à certaines manifestations en somme exceptionnelles du sentiment religieux, simplement parce qu'elles concordent avec nos préférences propres, c'est trancher le débat par une affirmation toute subjective ou par un acte de foi; ce n'est pas faire œuvre de raison.

Est-il sûr d'ailleurs que cette interprétation du Péché et de l'expiation ne fassent intervenir que des données simples et transparentes ? On nous décrit la détresse du fils qui, par l'offense, a mérité la colère de son père. Mais cette détresse provient-elle exclusivement du réveil de l'amour filial ? Ne s'y mêle-t-il pas plus ou moins obscurément des sentiments et des croyances plus complexes ? Peut-être le fils a-t-il été habitué, dès l'enfance, à considérer son père comme un être supérieur, investi d'une majesté redoutable qui ne doit à aucun prix être violée ; peut-être enfin sait-il déjà que la malédiction d'un parent offensé, est douée d'une efficacité terrible ? - On nous raconte ensuite l'humble retour du fils, et l'accueil indulgent du père, et la réconciliation joyeuse qui clôt le drame et renouvelle le bonheur domestique. Mais ces démarches, sont-elles suffisamment expliquées si on les considère comme des mouvements naturels du cœur humain ? Ne conviendrait-il pas, ici encore, d'admettre au moins la possibilité d'éléments d'un autre ordre ? Si le fils va de lui-même s'offrir à la colère qui le menace, c'est peut-être parce qu'il a appris que le meilleur moyen de désarmer cette colère est de s'en remettre à la grâce de l'être offensé et de l'amener à la pitié par un repentir sincère, par l'aveu de la faute et par des gestes suppliants. Et, si la réconciliation remet les choses en l'état où elles étaient avant l'offense, comme si rien ne s'était passé, c'est peut-être parce que le père et le fils sont d'accord pour attribuer au pardon une vertu sacramentelle, qui annule radicalement la malédiction dont souffrait le coupable. Ainsi les deux acteurs du drame ne seraient pas seuls en présence ; ils obéiraient l'un et l'autre, dans une large mesure, à des représentations et à des sentiments que là société leur a suggérés. Il suffit qu'une telle hypothèse puisse être envisagée pour qu'on n'ait pas le droit de réduire *a priori* l'offense et le pardon humains à des notions et à des sentiments très généraux de la conscience individuelle.

Quand même cette réduction serait légitime, il resterait encore à

II. Critique de l'Interprétation rationaliste.

prouver que le péché et l'expiation ne sont pas autre chose que la projection nécessaire dans l'ordre surnaturel de ce petit drame privé, qui va de l'offense du fils au pardon du père. Certes, on comprend qu'une analogie tirée de l'expérience courante puisse illustrer et rendre sensibles des croyances religieuses déjà constituées; Mais elle n'a pas la force de les imposer comme des vérités évidentes à un esprit qui n'en serait pas d'avance pénétré. Dans le drame surnaturel qui met en présence le Créateur et la créature, un seul des deux acteurs est doué d'une réalité immédiate et sensible, c'est l'individu qui pèche et qui expie ; l'Être avec lequel il se trouve face à face dépasse, par définition, les sens et l'intelligence de l'homme. Pourtant, l'acteur terrestre n'a aucun doute sur les dispositions de son divin interlocuteur dont il connaît d'avance de façon certaine toutes les réactions. Il sait que l'Être suprême, qui gouverne l'univers, est pour lui, comme pour tous les hommes, un Père céleste, dont il dépend entièrement et à qui il doit obéissance et amour. Il sait que chacune de ses actions égoïstes et mauvaises doit être envisagée comme une offense personnelle envers ce Père divin, qui se trouve ainsi contraint à la colère pour le grand péril du pécheur. Il sait que pour échapper à la misère qu'il est tenu d'éprouver après la faute et aux calamités plus graves dont il se sent menacé, il doit apaiser Dieu en lui offrant un repentir sincère et manifesté par son humilité et ses souffrances volontaires. Il sait enfin que ce remède sera sûrement efficace ; car « Dieu ne résiste pas à la supplication d'un cœur contrit » ; comme le péché l'a contraint à la colère, une pénitence parfaite le contraint au pardon.

Mais d'où viennent à l'individu toutes ces certitudes complexes et précises sur des objets transcendants ? Invoquer ici l'expérience religieuse du croyant, cela revient à constater qu'à un moment donné de l'histoire ces notions et ces jugements ont cours dans un cercle plus ou moins large de chrétiens; mais ce n'est pas en rendre raison. D'autre part, aucune des croyances, qui dirigent la conduite du pécheur supposé et qui éveillent en lui, tour à tour la crainte et l'espoir, ne s'impose à la façon d'une vérité évidente et incontestable. L'idée même de Dieu, Père de tous les hommes, pourrait n'être elle aussi, qu'une fiction mythologique, s'il fallait en croire beaucoup de nos contemporains : et, si on leur accordait les mêmes libertés de choix et d'élimination qu'aux « nouveaux

Robert Hertz

théologiens », l'idée du Père céleste n'aurait pas de place dans cette pure « réalité morale » que la raison agrée et qui est, nous dit-on, l'essentiel de la religion. Mais faisons abstraction des agnostiques et des athées ; admettons l'existence de l'Être suprême à qui tous les hommes sont liés par une relation de dépendance absolue et d'amour. S'ensuit-il nécessairement que chaque action humaine contraire à la morale doive retentir profondément dans la personnalité divine et la déterminer à la colère ? Pareille conception s'impose si l'on veut justifier l'accablement et la terreur qu'il faut que le pécheur ressente ; mais elle n'en a pas moins paru choquante à certains théologiens qui y ont vu une atteinte à l'immutabilité et à la transcendance divines, et l'on conçoit que le respect de la majesté de Dieu ait conduit des penseurs isolés ou même des peuples entiers à attribuer à l'Être suprême une paix impassible ainsi qu'une indifférence souveraine aux actions que de pauvres mortels peuvent accomplir sur la terre [1]. D'autre part, l'idée que Dieu ne peut faire autrement que de pardonner au pénitent, pourvu qu'il remplisse toutes les conditions d'une expiation parfaite, paraît difficilement conciliable avec la toute-puissance et la liberté illimitées que le monothéisme chrétien attribue à Dieu. Dira-t-on qu'il ne s'agit pas d'infliger du dehors au Père céleste une contrainte qui ferait violence à sa nature, mais que, Dieu étant essentiellement Amour, il suffit que l'obstacle du péché soit enfin levé par le repentir, pour que la grâce s'épanche à nouveau pour le salut du fidèle? Mais d'où l'individu sait-il que la miséricorde, plutôt qu'une justice implacable, est la caractéristique maîtresse du souverain Juge ? Qui lui garantit que « Dieu veut, non que le pécheur meure, mais qu'il se convertisse et vive » ? Il se peut que ce soit là la conception de Dieu la plus douce, la plus humaine, la plus élevée ; mais à coup sûr ce n'est pas la seule qu'un esprit non prévenu et laissé à lui-même puisse envisager. Et, si l'on songe que, pendant de longs siècles et, encore aujourd'hui, chez beaucoup de peuples, la puissance a pour signe et pour condition une vengeance stricte des injures reçues, le pardon étant le fait des faibles ou des lâches, la conception d'un Seigneur tout-puissant et <u>pourtant tendre</u>, philanthrope, toujours prêt à pardonner à ceux

1 Hertz fait ici évidemment, allusion à l'ataraxie des dieux d'Épieure, et à la paix » la çànti dans laquelle vit Brahma. Mais je ne vois pas qu'il ait eu l'intention de procéder autrement que par allusion.

II. Critique de l'Interprétation rationaliste.

qui l'ont offensé, apparaîtra, quelle qu'en soit la valeur, comme solidaire d'un état mental et social très particulier et relativement récent.

Il y a donc une disproportion manifeste entre les motifs sentimentaux ou raisonnables qui agissent sur l'individu et les affirmations catégoriques, déterminées et précises que les nouveaux théologiens lui prêtent au sujet du péché et de l'expiation. Mais la vérité est que l'*homo religiosus* de la théologie nouvelle n'existe pas plus réellement que l'*homo economicus* de l'économie classique. Cet être neuf et libre, qui n'obéirait qu'aux lois générales de la nature humaine, est, en réalité, un acteur qui, lorsqu'il apparaît sur la scène, sait déjà parfaitement le rôle qu'il doit tenir. Il n'a pas de peine à découvrir le péché et l'expiation ; car sa conscience de chrétien éclairé les lui suggère impérieusement, quand elle le met en présence d'un Dieu, défini de façon très concrète et précisément en fonction de ces notions. Mais le problème n'est que reculé ; car il s'agit alors de savoir comment les hommes en sont venus à se concevoir, chacun, comme uni par une relation directe et étroite avec l'Être souverain, dont toute existence dépend, et comme exerçant par leurs actions, bonnes ou mauvaises, une influence immédiate et certaine sur l'état de cette unique personnalité divine, tantôt dans le sens de la colère et tantôt dans le sens de la grâce.

Ainsi, la doctrine du péché et du pardon, même à l'état vaporeux où l'ont mise les théologiens rationalistes, manifeste encore nettement l'existence d'une tradition complexe qui informe et détermine la conscience du croyant. Expression, d'ailleurs, bien pauvre et bien faible, s'il faut en croire des théologiens qui, pour être moins « raisonnables » peut-être, ont gardé le sens d'une vie religieuse plus pleine, plus riche et plus intense.

Les critiques orthodoxes, ont en beau jeu à montrer que les formules « rationalistes » ôtent aux choses religieuses tous contours définis, tout relief, toute énergie propre, pour les convertir en fades et banales « réalités morales ». Ne voir dans le péché qu'un manque d'amour à l'égard de Dieu, c'est en donner une définition vague, arbitraire et dangereusement subjective -, car c'est le propre du sentiment d'être flottant, de varier d'un individu à l'autre et d'échapper à toute mesure fixe Certes, Dieu veut avant tout qu'on l'aime et qu'on lui obéisse ; mais de vagues dispositions intérieures

Robert Hertz

du sujet ne lui suffisent pas : il veut être aimé et obéi d'une certaine manière. C'est pourquoi il a pris soin de révéler à l'homme ses désirs et ses aversions, les actions qui lui plaisent et celles qu'il abomine; et c'est pourquoi l'Église, organe terrestre de Dieu, a soin d'inculquer à chaque génération nouvelle de ses membres la table des prescriptions et des défenses divines. C'est la violation d'une de ces ordonnances strictement définies et sacrées comme tout ce qui vient de Dieu qui constitue le péché. S'il n'y avait pas une loi, promulguée par Dieu et enseignée par l'Église, il pourrait y avoir des hommes plus ou moins pieux, plus ou moins soumis, il n'y aurait pas de manquement à la loi, partant pas de péché.

En outre, comme la loi implique l'idée de la transgression qu'elle condamne, le péché préexiste, au moins en puissance, a l'acte qui le réalise. Ce n'est pas le pécheur qui fait le péché ; mais c'est le péché, c'est-à-dire l'accomplissement de l'acte interdit par la loi, qui fait du pécheur ce qu'il est.

De même, c'est en vain que les nouveaux théologiens, pour complaire à la raison, voudraient réduire les suites du péché à quelques pauvres effets humains et naturels. Si toute la misère de l'état de péché consistait dans le sentiment qu'a l'individu de sa déchéance morale-, dans le chagrin d'avoir offensé Dieu et dans le regret d'un bonheur disparu, le pécheur le plus endurci serait le plus à l'abri des conséquences funestes du péché : s'il réussit à faire taire la voix de sa conscience, il peut s'abandonner tranquillement aux joies du monde puisque rien n'est changé en lui depuis le péché, puisqu'il n'y a pas de différence essentielle entre lui et les justes. Comment la religion pourrait-elle consacrer ce paradoxe scandaleux ? Dira t-on qu'une théologie raisonnable accorde au péché une influence objective qui lui permet de modifier réellement la personnalité : le péché commis crée chez l'individu une disposition à pécher encore; il diminue son . pouvoir de résistance aux tentations. Mais qu'importe, si les péchés futurs ne doivent pas avoir plus de gravité que le premier, s'ils n'agissent pas davantage sur le destin du coupable. En réalité le péché opère immédiatement dans l'âme de son auteur un changement profond et substantiel : son action peut se comparer à celle du baptême qui renouvelle jusque dans son fond l'être du néophyte; mais c'est un sacrement sinistre, qui produit la mort et la perdition. Où il y avait un fidèle,

II. Critique de l'Interprétation rationaliste.

temple de Dieu, habité par la grâce d'en haut, il y a maintenant un être exécrable et possédé par une force démoniaque. N'essayons pas de ramener cette force à la mesure de la morale profane ou de la raison courante. L'état de péché n'implique pas nécessairement la culpabilité. la faute personnelle, l'intention claire d'offenser Dieu : la preuve, c'est que l'individu peut être lié, saisi par le péché de ses parents ou par celui du premier homme; et si, avant de communier, il a avalé, même sans le savoir, un aliment quelconque, cette communion impie le mettra en état de péché. Que la malédiction ait, ou non, son principe dans la volonté coupable du patient à qui elle s'attache elle n'en produit pas moins ses effets, tant qu'elle subsiste, soit dans ce monde-ci, sous forme de maladies et d'afflictions temporelles, soit, après la mort, dans les tortures de l'autre monde. Toutes ces misères sont incluses par anticipation dans l'état présent du pécheur : aussi ne se borne-t-il pas à regretter un événement passé ou à craindre un jugement à venir ; mais, il se sent intérieurement corrompu et il pleure sa sainteté profanée et son âme perdue. Cherche-t-il à se faire illusion, à s'aveugler sur son propre état, l'Église est là qui le rejette avec horreur, tant qu'il n'est pas venu à résipiscence. Même s'il réussit à tenir son mal secret, il n'en est que plus tourmenté : au milieu de la foule joyeuse des fidèles, il se sent moralement excommunié; il sait que ses offrandes et ses dévotions sont maintenant abominables à Dieu et ne font qu'aggraver sa condamnation; vienne une heure de faiblesse ou l'approche de la mort, il s'estimera bienheureux dans sa détresse de pouvoir obtenir le secours de l'Église en lui livrant le secret qui le ravageait.

Si le péché perd le fidèle en altérant réellement l'intégrité de son être, l'expiation ne peut le sauver qu'à la condition d'être douée d'une efficacité équivalente, mais contraire. Le pécheur, qui veut sortir de son état et échapper à la mort, ne saurait se contenter de ne plus pécher et de prendre de bonnes résolutions pour l'avenir : ce changement subjectif est indispensable, certes ; mais il n'est pas suffisant. C'est le péché passé qui est la cause présente et agissante du mal qu'il faut guérir ; c'est donc le péché passé qui doit être aboli pour que le pécheur soit sauvé. Tant que la faute est là qui crie vengeance et souille le monde, il ne peut y avoir de paix ni en Dieu, ni dans l'Église, ni dans le pécheur ; seule, l'extirpation radicale de la faute permet le rétablissement d'une vie religieuse normale. En vain la raison proclame-t-elle l'irrévocabilité du passé et que nulle puissance ne peut remonter le cours du temps pour supprimer de l'histoire l'événement accompli. Ce miracle s'accomplit chaque fois qu'un pécheur est absous; le pardon des péchés serait un acquiescement honteux au péché, s'il était fait d'indulgence débonnaire, s'il n'impliquait pas la justification du pécheur, la destruction véritable du péché. C'est parce que la pénitence renouvelle intimement l'âme du fidèle, et que dans son être régénéré elle ne laisse plus rien subsister du passé maudit que l'Église a pu justement lui faire une place dans le système de ses sacrements.

Mais cette intervention miraculeuse suppose une puissance surnaturelle : le pardon est une manifestation caractéristique de la grâce divine. Ce n'est pas en tant que père que le Père céleste pardonne à ses enfants, c'est en tant qu'il est Dieu. Sur ce point il y a unanimité parmi tous les chrétiens qui ont conservé le sens des réalités religieuses et qui n'ont pas oublié les leçons de l'Évangile. Quand Jésus, au grand scandale des Pharisiens présents, pardonne les péchés du paralytique avant de lui dire : « lève-toi et marche », il sait bien que ces deux œuvres, la rémission et la guérison, sont aussi malaisées et aussi miraculeuses l'une que l'autre et révèlent également le Fils de l'Homme ; et les assistants ne s'y trompent pas : saisis d'extase, ils glorifient le dieu, C'est ce pouvoir divin qui, selon la doctrine catholique, a été transmis par le Christ aux apôtres et, par eux, aux évêques et aux prêtres. Comme les Pharisiens d'autrefois s'indignaient contre Jésus, les hérétiques protestent aujourd'hui contre les prétentions blasphématoires de ses successeurs ; à leur tour, ils demandent : « Qui peut pardonner les péchés, si ce n'est Dieu seul ? » Pas plus que Jésus lui-même, l'Église n'a jamais contesté la nature divine du pouvoir qui agit dans l'absolution ; elle sait que d'un bout à l'autre de la pénitence, depuis le premier éveil du repentir jusqu'à la consommation du pardon, c'est la grâce de Dieu, seule efficace, qui produit la justification salutaire, du fidèle. Mais, si le Père céleste a pu communiquer cette puissance surhumaine à son Fils incarné, pourquoi n'accorderait-il pas le même don à ses ministres sur la terre, aux hommes élus qu'anime l'Esprit saint ? L'indignité de quelques prêtres, les abus, que l'ambition on la

II. Critique de l'Interprétation rationaliste.

cupidité de l'Église ont pu faire du pouvoir des clefs, ne sauraient nous faire perdre de vue la grandeur bienfaisante de l'institution pénitentielle dans l'économie du salut. En prenant l'Église pour organe de sa puissance, Dieu offre au pécheur l'espérance d'une. paix solide, parce qu'elle s'appuie sur une autorité impersonnelle et parce qu'elle est fondée sur la justice. D'ailleurs, le croyant, qui ose demander directement à Dieu le pardon de ses péchés, emprunte encore à l'Église, qu'il s'en aperçoive ou non, l'assurance qui le rend trop hardi ; car c'est l'Église, forte des preuves dont elle a le dépôt, qui lui garantit que Dieu possède le pouvoir et la volonté de faire vivre les pécheurs.

Si tous les chrétiens sont d'accord pour attribuer à la grâce divine l'abolition surnaturelle des péchés, ils ne le sont pas moins pour exiger du pécheur repentant qu'il concoure activement à l'œuvre expiatoire. Les théologiens rationalistes en conviennent ; mais, fidèles à leur spiritualisme individualiste, ils réduisent la pénitence à la conversion intérieure, de même qu'ils ne veulent voir dans la Passion du Christ qu'un exemple sublime d'abnégation et de charité. Ils trahissent par là, non seulement leur répugnance pour toute règle, pour tout contrôle, pour toute discipline, mais en outre leur ignorance de la signification véritable du pardon. La gloire de Dieu, la majesté de la loi sacrée, la pureté du monde et de l'âme ne peuvent pas être violées et profanées impunément ; si, après le péché, la création doit être renouvelée et libérée, ce ne peut être que par la mort et le sacrifice. La miséricorde divine ne frustre pas la justice outragée des victimes qu'elle exige, mais elle offre au pécheur le moyen de détruire son péché tout en se sauvant lui-même ; elle le met en mesure de choisir entre la peine infligée par Dieu dans sa colère. qui écrase et précipite dans la mort éternelle, ou la pénitence volontairement assumée, qui guérit et fait revivre. Si l'expiation supprime le châtiment, c'est qu'elle le devance et le rend inutile : le pécheur ne peut échapper à la destruction à laquelle son péché l'a voué qu'en faisant de lui-même à Dieu l'abandon de tout son être.

Encore faut-il que cette oblation réparatrice satisfasse la justice divine, c'est-à-dire qu'elle soit équivalente au péché qu'elle doit annuler. C'est parce que l'homme, laissé à ses seules forces, était incapable d'expier le péché du premier homme, - cette première

Robert Hertz

profanation d'une sainteté encore vierge, - qu'il a fallu que Dieu même se fît homme afin d'offrir à Dieu une réparation suffisante et de régénérer la nature souillée. Il est facile de critiquer les expressions juridiques par lesquelles les anciens théologiens ont essayé de rendre sensible le mystère de la Rédemption ; il est certain qu'aucune des métaphores proposées, extinction de la dette du péché, paiement de la rançon due au démon, réparation de l'honneur divin offensé, n'est pleinement satisfaisante. Mais c'est une erreur moins grave de traduire une vérité profonde par des symboles maladroits que de se refuser à la connaître parce qu'il est malaisé de l'exprimer en langage humain. Si toute la vertu du sacrifice du Calvaire réside dans l'enseignement moral qui s'en dégage, Dieu aurait livré son Fils au supplice le plus honteux par un raffinement pédagogique aussi vain que cruel ; car à quoi bon proposer aux hommes un exemple surhumain, s'ils ne reçoivent pas du même coup la force de le suivre ? Cette force, la mort de l'Homme-Dieu pouvait seule la leur communiquer : l'effusion du sang de l'hostie parfaite, ignorante du péché, était indispensable à l'abolition du péché, commis dans la nouveauté du monde, et de tous les péchés des hommes. Si des chrétiens de peu de foi et de courte raison se scandalisent que des pécheurs puissent être sauvés par un acte accompli pour eux, mais extérieur à leur être propre, c'est qu'ils voient dans le Sauveur et dans les hommes rachetés des personnalités radicalement séparées, c'est qu'ils n' ont pas de sens pour la réalité collective de l'Église, qui fait participer intimement les fidèles à la nature du Christ dans lequel ils vivent.

Ce qui est vrai de l'expiation globale. rédemptrice du genre humain, est vrai aussi, toutes proportions gardées, de l'expiation individuelle des péchés commis après le baptême. La pénitence doit avoir une efficace égale, mais contraire à celle du péché; elle tend à remettre le pécheur en un état où Dieu puisse lui pardonner selon la justice. Mais cette rénovation salutaire implique l'immolation de l'être charnel qui s'est insolemment manifesté dans le péché. Sans doute, une contrition intérieure parfaite possède une vertu expiatoire infinie ; mais quel homme, seul devant Dieu, peut se flatter d'atteindre à la perfection du repentir ? En outre, une telle contrition suppose une horreur et une détestation du péché si intense, un renoncement si total à l'amour propre, une telle

II. Critique de l'Interprétation rationaliste.

volonté de réparer l'injure faite à Dieu, qu'elle équivaut, au moins rituellement, à un complet sacrifice de soi. Mais, pour la grande masse des hommes, le repentir ne peut s'éprouver et se mûrir qu'en se produisant au dehors, en se soumettant au jugement d'une autorité compétente et en s'exprimant en actes selon des règles établies. Certes, ces règles varient considérablement au cours du temps, selon le degré de ferveur, la grossièreté ou la sensibilité des différents siècles. Nous sommes loin aujourd'hui de l'époque où les pénitents formaient dans la hiérarchie des fidèles un ordre séparé et où, de degré en degré, à travers mille épreuves, aidés des prières de l'Église, ils s'acheminaient d'un état de péché mortel et d'excommunication jusqu'au jour béni de la réconciliation, qui les faisait rentrer dans la paix de la sainte communion. Depuis que la confession auriculaire, immédiatement suivie de l'absolution, est devenue l'acte essentiel du sacrement de pénitence, l'intervention de l'Église ne se manifeste plus d'une façon publique et solennelle. Mais même dans l'intimité secrète du confessional, l'Église est présente, qui contrôle les dispositions du pénitent, qui détermine les satisfactions qu'il devra apporter, qui l'encourage et le fortifie du trésor de ses mérites et du secours de ses prières, enfin, qui l'absout selon la for-male sacramentelle.

Voilà un tableau complexe et tourmenté, riches en contrastes, chargé d'ombres et de lumières violentes. Ce n'est plus le dialogue intime du Père céleste et du croyant, cette histoire pathétique dont tous les épisodes avaient leur point de départ, leur terme dans une conscience individuelle et autonome. C'est un drame tumultueux, ou les deux personnages principaux sont, de toutes parts, environnés. enveloppés et traversés de puissances mystérieuses et impersonnelles. De l'action maudite, attentatoire à la loi sacrée, se lève une force exécrable : elle souille, et dévaste l'être du transgresseur et de ses proches et le monde même qui l'environne; elle s'attache à Dieu lui-même et, le contraint à la colère et à la destruction. Mais voici que l'expiation, cruelle et sainte, tout ensemble, par la vertu d'un sang pur versé spontanément, apaise et dissipe la colère déchaînée, efface toute trace du péché et rend à la nature l'innocence et la paix. Et à tous les moments du cycle tragique, l'Église, comme le chœur du drame antique, fait entendre sa voix puissante, tantôt irritée et tantôt maternelle, soit qu'elle menace

Robert Hertz

le pécheur de l'anathème. soit qu'elle accueille la supplication du pénitent, soit qu'elle l'encourage et le ramène pas à pas dans sa paix, soit enfin qu'elle assiège Dieu de son intercession souveraine, quand l'heure du pardon est arrivée. C'est dans l'Église et par rapport à elle que les notions du péché et de l'expiation prennent vie, force et réalité. Essayer de ramener ces représentations et ces émotions, essentiellement troubles et collectives, à la mesure des sentiments humains et individuels, c'est se condamner à ignorer ce qui en fait l'originalité et la puissance. Le christianisme édulcoré des « nouveaux théologiens » nous fait connaître le pauvre résidu de l'ancienne religion dont les croyants éclairés et raisonnables d'aujourd'hui réussissent à s'accommoder ; mais il n'est pas qualifié pour nous découvrir la vraie nature et la signification des croyances et des pratiques relatives au péché et à l'expiation. Si nous voulons, nous aussi, atteindre la « réalité morale » dont ces croyances et ces pratiques sont peut-être l'expression figurée, nous devons tenter une autre méthode.

III. Comment l'Ethnologie peut éclairer la genèse de ces notions.

Puisque ni le dogmatisme irrationnel de la foi orthodoxe, ni l'intelligibilité trompeuse d'une théologie trop moderne ne peuvent rendre compte des données qu'elles traduisent, plus ou moins fidèlement, puisque les consciences chrétiennes de notre temps ou même celles des siècles passés ne livrent à l'observateur le plus pénétrant que des notions déjà toutes formées et déjà profondément pénétrées d'idéologie réfléchie, essayons de faire appel à une « expérience religieuse » plus variée et plus large et de recourir à cette ethnographie comparée qui a déjà renouvelé, tant de problèmes du même genre. Certes, s'il s'agissait, de décrire les mille et mille formes et nuances que peuvent revêtir chez les individus d'une société donnée le sentiment du péché et le désir du pardon, s'il s'agissait d'en suivre minutieusement le lent éveil, lès multiples phases et l'épanouissement dans une âme favorablement disposée, les confessions d'un croyant rompu à l'introspection ou les délicates analyses d'un Dostoïevsky et d'un Tolstoï nous seraient d'un secours bien plus précieux que les documents, un peu gros qui nous découvrent la psychologie des peuplades incultes. Mais notre objet est tout autre : ce sont les idées mêmes du péché et de l'expiation que nous nous proposons d'examiner, les considérant comme des institutions sociales, dont il y a lieu de rechercher la genèse, le sens et la fonction.

Or, une semblable recherche n'a chance d'aboutir que si nous réussissons à sortir de l'atmosphère religieuse et morale où nous vivons et dont nous ne sentons pas la pression, parce qu'elle forme comme notre élément naturel. S'il y a un domaine où nous soyons tenu de faire abstraction de nos sentiments propres et de nous dépayser autant que cela est possible, c'est bien lorsqu'il s'agit d'étudier les facteurs les plus profonds et les plus intimes de notre vie morale. L'émotion que suscite en nous la violation, même simplement supposée, des règles morales qui pour nous sont sacrées, Ja réprobation immédiate et violente que soulèvent en nous, par exemple le meurtre, l'inceste ou la trahison, nous empêchent d'apercevoir ce qu'il y a de singulier et de mystérieux dans le péché : parce que nous participons à l'horreur que l'accomplissement de l'acte interdit doit inspirer à tous, nous trouvons tout naturel d'admettre que cet acte contient, de par son essence propre, une vertu néfaste, une malédiction, dont le coupable ne peut manquer de se sentir frappé et qui fait de lui un misérable réprouvé ; le mystère, le scandale commencent précisément quand cet effet sinistre immanent au péché ne se produit pas ou tarde trop. Mais, s'il s'agit d'une défense qui ne nous paraît avoir aucun rapport ni avec la morale ni avec la raison, si c'est la transgression de quelque « absurde » interdiction alimentaire ou rituelle qui entraîne après elle des conséquences effroyables, nous constatons immédiatement qu'il n'y a aucune proportion, aucune commune mesure entre l'immoralité intrinsèque d'un acte, telle qu'une conscience raisonnable peut l'évaluer, et la force destructrice avec laquelle le pécheur est aux prises; comme nous restons complètement étrangers à la réaction que provoque le péché chez son auteur et chez ceux qui l'entourent, nous en apercevons mieux le caractère original et surajouté et nous pouvons l'étudier d'une manière objective et impartiale, à la façon d'un phénomène naturel.

En outre, pour quiconque s'efforce de déterminer la nature et la raison d'être des idées du péché et de l'expiation, il est indispensable de savoir si ces idées sont des acquisitions récentes de l'humanité, fruit d'une longue et complexe élaboration spirituelle, ou si, au contraire, elles font partie du patrimoine commun à l'espèce tout entière. Faut-il admettre, avec de nombreux penseurs placés à des points de vue très divers, que le sentiment de la faute et l'aspiration au pardon sont des découvertes originales et des attributs spécifiques des religions supérieures et en particulier du christianisme ? Ou bien ces éléments de notre système religieux et moral se rencontrent-ils chez tous les peuples, quelque bas que soit le niveau de leur civilisation ; et, s'il en est ainsi, se présentent-ils toujours sous le même aspect et avec la même intensité ou varient-ils, selon l'état social, en forme et en degré? Il est clair que de la réponse apportée à ces questions dépendra dans une large mesure notre appréciation sociologique de la croyance au péché et de l'appareil expiatoire, tels que nous les rencontrons dans notre civilisation présente. Or, cette réponse ne peut nous être fournie que par l'étude comparative et notamment par l'observation des sociétés inférieures.

Il semble au premier abord qu'il n'y ait rien de plus aisé et de moins équivoque que de constater chez un peuple donné la présence ou l'absence d'une certaine institution : pour savoir si, oui ou non, les notions du péché et du pardon, ainsi que les émotions et les pratiques connexes, existent à un degré peu élevé de civilisation, il suffirait de nous en, rapporter au témoignage déclaré des ethnographes, s'il en est qui aient dirigé leur attention de ce côté. Il serait étrange qu'aucun d'entre eux ne s'en fût préoccupé. Les missionnaires, en particulier qui vont apporter aux, sauvages la bonne nouvelle de leur rédemption, sont presque nécessairement amenés à se demander si leur propagande trouve dans la conscience des gens à qui elle s'adresse les points d'attache indispensables. C'est ainsi que plusieurs d'entre eux, frappés du faible succès de leurs efforts, ont essayé de définir les obstacles qui s'opposent, chez les peuples de civilisation inférieure, à une acceptation sérieuse du christianisme. Le principal serait que les notions fondamentales faute desquelles l'enseignement chrétien doit rester vide de sens, sont complètement étrangères à ces païens incultes. Enfoncés dans la matière, totalement oublieux du vrai Dieu, ils vivent au jour le jour, ne songeant qu'à la satisfaction de leurs désirs temporels

III. Comment l'Ethnologie peut éclairer la genèse de ces notions.

et n'éprouvant aucun souci d'une rédemption qui dépasse leur intelligence. S'ils restent sourds et insensibles devant les promesses de l'Évangile, c'est, en particulier, parce que les idées pures et spirituelles du péché et du pardon n'ont aucune place dans leurs consciences.

Ce témoignage nettement négatif de plusieurs observateurs directs et compétents possède une valeur indiscutable ; il est, en outre, corroboré par les conclusions de théoriciens, dont les préoccupations et l'orientation intellectuelle diffèrent profondément de celles des missionnaires. D'après M. Frazer, par exemple, l'humanité primitive, dont les sociétés inférieures perpétuent parmi nous la condition, aurait été complètement exempte de tout souci métaphysique ou spiritualiste, comme de toute disposition mystique. Exclusivement occupés à se défendre contre les dangers réels ou imaginaires qui les assaillaient ou à assurer leur subsistance souvent précaire, les hommes des premiers âges et les sauvages d'aujourd'hui auraient recours volontiers aux violences de la magie et aux ruses de la stratégie animiste; ils se garderaient avec un soin anxieux des miasmes mauvais qui rôdent autour d'eux et, si par hasard ils se sentaient atteints par une influence nocive, ils s'efforceraient bien vite de la bannir par des manœuvres lustratoires appropriées ; mais on chercherait en vain chez eux la préoccupation d'une pureté spirituelle à préserver ou à recouvrer. Les notions du péché et du pardon sont liées à tout un ensemble de conceptions proprement religieuses dont il n'y a pas trace dans cet « âge de la magie », qui forme la première étape du développement humain.

Si ces vues doctrinales sont fondées, le rôle de l'ethnographie comparée dans la recherche que nous avons entreprise se trouve étroitement délimité. Tout d'abord elle établit cette thèse que la croyance au péché et l'institution d'un rituel expiatoire ne sont pas des biens communs à tous les peuples de la terre : elles supposent des conditions -spirituelles élevées, qui ne se rencontrent que dans certaines sociétés privilégiées, soit élues, soit particulièrement évoluées. Il en résulte que l'ethnographie n'a rien à nous apprendre sur les idées du péché et du pardon, considérées dans leur essence, puisque, par définition, ces idées ne sont pas de son ressort-, elle justifierait le discrédit dont elle souffre auprès de certains esprits si

Robert Hertz

d'aventure elle prétendait soumettre à sa compétence des notions d'ordre proprement éthique et religieux qui manifestement y échappent. Mais il est très rare que, même dans les religions supérieures, les croyances spirituelles se présentent à l'état pur ; elles sont généralement enveloppées d'une sorte de gangue épaisse et matérielle, qu'aucun lien intrinsèque n'unit à leur véritable substance. Combien de théologiens chrétiens, des plus orthodoxes aux plus hérétiques, nous parlent du péché comme si c'était une chose inerte venant du dehors s'attacher à l'âme pour la gâter, à la façon du ver qui ronge le fruit ou de la rouille qui attaque le fer ! Et que de prédicateurs exhortent leurs ouailles à se laver de leurs péchés, à les rejeter loin d'eux par une confession exacte ou à les dissoudre au feu d'une pénitence salutaire, comme s'il s'agissait d'un nettoyage ou d'une élimination physique ! Dira-t-on qu'il ne convient pas d'attacher d'importance à des expressions figurées, à de simples métaphores, qui servent à rendre sensibles et communicables les vérités abstraites de la foi ? Mais ces « métaphores » ne sont pas choisies arbitrairement par chacun de ceux qui les emploient ; elles sont en nombre limité, elles font partie d'une tradition et se justifient par la convenance qu'elles ont aux idées qu'elles traduisent. La plupart des fidèles les acceptent littéralement : dans leur esprit, ces images matérielles sont intimement associées aux vérités d'ordre moral et elles contribuent à modeler leur croyance au sujet du péché et des vertus de l'expiation. C'est ici que l'ethnographie comparée reprend ses droits : elle nous montre dans les métaphores et dans les rites, qui ont cours dans les religions supérieures quoiqu'ils soient étrangers à leur essence, les survivances d'un état mental plus ancien et plus grossier. De même que la théorie anthropologique de la prière nous montre la pure communion de l'esprit avec le divin se dégageant peu à peu du charme magique qu'elle finira par supplanter non sans en garder quelque souvenir, de même la théorie esquissée au sujet de la lustration par MM. Tylor et Farnell nous montre l'évolution qui conduit d'une purification réelle, externe, physique à une purification symbolique interne, et spirituelle. Au début, un individu affligé d'une infection dangereuse, cherche à éliminer par une opération appropriée un mal qui peut être imaginaire, mais qui est toujours conçu comme une entité corporelle; au terme dé

III. Comment l'Ethnologie peut éclairer la genèse de ces notions.

ce développement, le croyant, désireux de s'approcher toujours plus près de Dieu, travaille à délivrer son âme d'un mal invisible et moral qui n'a rien de substantiel, qui consiste exclusivement dans un état de la personnalité En nous montrant comment l'humanité s'est élevée de, la superstition des premiers âges, de la et du ritualisme magique jusqu'aux conceptions vraiment religieuses de notre éthique spiritualiste, l'étude comparative nous invite et nous aide à pousser jusqu'au bout cette oeuvre d'épuration et d'idéalisation progressives en chassant de notre langage et de notre pratique religieuse les dernières survivances d'un matérialisme barbare.

Ainsi, l'apport de l'ethnographie dans ;'étude du problème qui nous occupe serait strictement négatif : d'une part, elle nous permettrait de reconstituer la philosophie enfantine des hommes d'autrefois, à laquelle notre philosophie raisonnable, éthique et spirituelle s'oppose diamétralement et qui ne comportait pas des notions transcendantes comme celles du péché et du pardon ; d'autre part, elle pourrait servir à rendre compte des images et des pratiques superstitieuses, dont ces notions sont aujourd'hui encore enveloppées et altérées, surtout dans les consciences les moins cultivées. Mais cette conception repose sur des postulats bien contestables. Nous y retrouvons, d'abord cette idée qu'il faut distinguer soigneusement, dans les religions et les morales supérieures, la partie vivante, originale, qui leur appartient en propre, révélation de Dieu ou pures découvertes de l'esprit, et la partie morte, caduque, accessoire legs fatal des âges d'ignorance que l'humanité, même éveillée à la vie spirituelle, traîne encore avec elle. Cette idée, implicite on expresse, est commune à beaucoup d'anthropologistes et de théologiens rationalistes ; nous avons déjà eu l'occasion de l'examiner et nous avons essayé de démontrer qu'elle est entièrement arbitraire. Bien ne nous autorise à définir la religion et la morale en des termes qui ne valent que pour notre religion et pour notre morale, spiritualistes et individualistes; car qui nous garantit que les religions « supérieures », où nous nous plaisons à voir le dernier terme du progrès humain, ne sont pas ou des produits de décomposition et de décadence, on une phase transitoire, destinée à être dépassée par des formes nouvelles de vie religieuse et morale ? D'autre part, l'affirmation suivant laquelle la philosophie des « primitifs » exclurait toute préoccupation

Robert Hertz

suprasensible et toute notion spirituelle dépasse singulièrement les faits et elle est loin d'être acceptée unanimement par tous les auteurs qui s'occupent des sociétés inférieures. Plusieurs d'entre eux prendraient volontiers le contre-pied des thèses de M. Frazer sur le positivisme naturaliste des peuples de civilisation rudimentaire. Ni. Lévy-Bruhl, par exemple, a cru pouvoir avancer que l'une des caractéristiques essentielles de l'état mental de ces peuples était précisément leur orientation mystique et M. Durkheim a mis en évidence la richesse et l'intensité de la vie religieuse chez les tribus australiennes, qui contiendrait, au moins en germe, toutes les institutions fondamentales des religions les plus évoluées. Nous ne pouvons donc pas considérer comme évident ou comme démontré ni que l'aboutissement nécessaire de l'évolution religieuse soit caractérisé par un pur spiritualisme [1], par la communication directe et toute personnelle de chaque croyant avec Dieu, ni que le point de départ de cette longue histoire doive être cherché dans un état caractérisé par la superstition et la magie la plus terre-à-terre et par des préoccupations exclusivement temporelles et immédiates. En attendant que la preuve de ces assertions ait été apportée, nous nous refusons à enfermer d'avance l'ethnographie dans un rôle purement négatif. Nous entendons l'interroger, non seulement sur l'origine des quelques survivances parasitaires qui font cortège aux notions du péché et de l'expiation, mais sur le sens et la raison d'être de ces notions mêmes.

Quant au témoignage direct des observateurs qui dénient aux peuples parmi lesquels ils ont vécu le moindre soupçon de ces idées, il est conçu en termes trop sommaires et trop péremptoires pour qu'on puisse l'accepter d'emblée A supposer que dans les langues des sociétés inférieures, il n'y ait pas de mot pour traduire les notions en question, cela ne veut pas dire que ces notions soient étrangères à la conscience des gens qui parlent ces langues; car une idée peut exister à l'état implicite, à l'état de force, et se manifester par l'action qu'elle exerce bien avant d'avoir été dégagée par la conscience réfléchie et d'avoir été exprimée par un vocable propre. En outre, les arguments invoqués à l'appui de cette thèse sont généralement entachés d'une subjectivité manifeste. Voici

---

1 Durkheim, *Formes élémentaires de la vie religieuse* ; Lévy-Bruhl. *Fonctions mentales dans les sociétés inférieures.*

III. Comment l'Ethnologie peut éclairer la genèse de ces notions.

par exemple un missionnaire qui s'étonne de voir les Batak de l'intérieur de Sumatra se livrer aux délices du cannibalisme et de la chasse aux têtes avec une bonne conscience qui rend très difficile la tâche du prédicateur européen; la conclusion est que les Batak sont complètement dénués du sentiment du péché. Mais voici qu'un autre missionnaire raille les Dayak du sud-ouest de Bornéo, proches parents des batak, d'attacher une importance ridicule à des insignifiantes peccadilles, à la violation de quelques bizarres coutumes ou absurdes règles d'étiquette. Cette seconde critique annule la première et le rapprochement de ces deux témoignages -nous donne lieu de penser que quand un observateur chrétien refuse à un peuple de civilisation rudimentaire le sentiment et l'idée du péché, il exprime simplement sa surprise de ne pas avoir rencontré ce sentiment et cette idée au moment où il les attendait, c'est-à-dire à propos des actions que la conscience chrétienne d'aujourd'hui réprouve. Il y a une solidarité si étroite entre la forme et la matière de notre moralité qu'il nous est extrêmement difficile de reconnaître nos propres sentiments moraux quand ils s'appliquent à des objets auxquels nous ne sommes pas accoutumés et qui sont à nos yeux dépourvus de valeur. De ce que la liste des actions qualifiées de péchés varie presque totalement d'une société à l'autre, il ne s'ensuit pas que telle ou telle société puisse prétendre que l'idée du péché lui appartient en propre. De même pour l'expiation. Les mêmes missionnaires, qui nous représentent les primitifs comme incapables de prendre intérêt à la doctrine chrétienne de la rédemption et même de la comprendre, nous les dépeignent affolés à l'idée des peines mortelles qu'ils ont encourues en violant quelque interdit et courant d'autel en autel ou de magicien en magicien pour essayer de se racheter par des offrandes et d'obtenir leur absolution. Qu'on raille, si l'on veut, les circonstances qui entourent ce rituel expiatoire et les méthodes « superstitieuses » qu'ils emploient ; mais on comprendra que des missionnaires catholiques aient cru voir chez bon nombre de populations incultes une sorte de contrefaçon satanique du sacrement de pénitence. Enfin, quelques missionnaires, ou plus optimistes, ou plus clairvoyants, se sont inscrits en faux contre la condamnation radicale prononcée par certains de leurs confrères : selon eux, on trouverait chez les tribus les plus éloignées de notre état de civilisation l'amorce des idées les plus sublimes du christianisme, en particulier, la notion que le péché met l'individu en un danger mortel, l'idée qu'il peut être aboli par l'effusion du sang, enfin une aspiration vague mais intense au salut seraient des traits marquants de leur constitution morale auxquels la propagande chrétienne devrait se rattacher.

Nous ne pouvons donc considérer comme résolue la question de savoir si, oui ou non, les notions du péché et du pardon sont présentes dans les sociétés inférieures, quelles formes elles y revêtent et quel rôle elles y jouent. Cette question ne peut être tranchée ni par des théories préconçues, ni par des affirmations ou des négations globales, enregistrées sans critique ; il faut nous reporter aux faits et les examiner, s'il se peut, sans parti pris et avec méthode. C'est à cette enquête ethnographique que nous allons procéder, avec l'espoir qu'il pourra en rejaillir quelques clartés sur des notions qui forment le tréfonds de notre vie morale présente.

Fidèle à une règle de méthode qui tend à s'imposer dans cet ordre de recherches et qui a déjà fait ses preuves, nous étudierons les notions du péché et de l'expiation, non en accumulant des faits empruntés confusément à des sociétés très distantes et très diverses, mais en nous en tenant à une aire de civilisation définie. C'est à cette condition seulement que nous avons chance de comprendre la signification et la fonction du péché et du rituel expiatoire dans un système religieux donné. Si l'explication d'un ensemble de représentations mystiques et de gestes rituels consiste essentiellement à découvrir les émotions, les tendances, les besoins généralement inconscients, que ces croyances et ces rites traduisent et satisfont, nous ne pouvons espérer atteindre à une théorie explicative des phénomènes étudiés que si nous respectons les multiples attaches qui les lient à un ensemble organique, historiquement et ethniquement déterminé. La collection des faits analogues que présentent tous les peuples de la terre peut servir à prouver la diffusion d'une institution ; elle éclaire parfois certains détails qui peuvent soit faire défaut soit être obscurs dans la civilisation prise comme champ d'observation; mais en somme elle n'a lieu d'intervenir que secondairement, à titre de contre-épreuve ou d'enquête complémentaire. C'est en première ligne l'étude des phénomènes, tels qu'ils se présentent dans une aire de civilisation naturellement délimitée, qui permet l'intelligence d'un type donné

III. Comment l'Ethnologie peut éclairer la genèse de ces notions.

d'institution.

Si nous avons choisi pour principal champ d'observation le domaine polynésien, c'est d'abord parce que les sociétés qui le composent forment un vaste ensemble, remarquablement homogène et pourtant suffisamment différencié pour donner lieu à des comparaisons instructives; c'est ensuite parce que nous possédons à leur sujet une grande abondance de documents variés et de bon aloi ; c'est, enfin et surtout, parce qu'il nous a semblé que les phénomènes que nous nous proposons d'étudier s'y présentaient avec une netteté, une ampleur et un relief particuliers. Peut-être même nous objectera-t-on que ces conditions favorables vicient d'avance notre recherche ou du moins en restreignent beaucoup la portée : s'il est vrai que l'institution du tabou, comme le mot même qui dans nos langues sert à la désigner est particulière à la Polynésie, les sentiments et les représentations, qui, dans ce domaine, entourent la violation du tabou, ne peuvent pas prétendre à une grande généralité. Mais le temps est passé où l'on pouvait supposer que l'interdit était une institution spécifiquement polynésienne ; à mesure que l'ethnographie a étendu ses découvertes, il est apparu que si le mot *tabou* est originaire des îles du Pacifique, la chose qu'il désigne est universelle, au moins à un certain degré de civilisation. Certes, cette institution revêt en Polynésie certains traits particuliers, certaines nuances distinctives, assez malaisées d'ailleurs à définir ; mais, pour l'essentiel elle concorde rigoureusement avec les institutions similaires observées dans les autres provinces ethnographiques. Nous aurons d'ailleurs l'occasion de montrer par des rapprochements fréquents que les faits observés chez les Polynésiens ne présentent rien d'exceptionnel, rien de singulier; s'ils y sont peut-être plus faciles à saisir, cela s'explique tout au plus par une différence de degré et par la conscience très aiguë que les peuples du Pacifique ont prise de cet aspect de leur vie sociale.

Empressons-nous d'ajouter, pour prévenir un malentendu, que nous ne considérons à aucun degré les Polynésiens comme des survivants attardés et comme des témoins intacts de l'humanité primitive. Un ethnographe très soucieux de rigueur scientifique, le Père Schmidt, s'est déjà élevé avec beaucoup de force contre l'erreur de certains théoriciens qui vont chercher en Nouvelle-Zélande on à Samoa des vestiges de la civilisation originelle ; quant à lui, il voit dans la langue et dans la religion polynésiennes des produits de seconde et même de troisième formation, dérivés, après plusieurs étapes intermédiaires et non sans immixtion d'éléments papou, d'une souche indonésienne qui subsisterait encore presque intacte dans quelques îles de l'archipel malais ; il ne peut découvrir en Polynésie rien qui mérite vraiment d'être appelé primitif. Nous aurions de graves réserves à faire sur les théories du Père Schmidt; nous ne sommes, en particulier, nullement convaincu que les Niassais ou les Batak, qui ont gardé, paraît-il, des souvenirs très précis de la révélation primitive, ont plus de titre que les Maoris ou les Marquisiens à représenter notre passé le plus reculé; mais nous sommes entièrement d'accord avec lui pour penser que tous les Polynésiens ont derrière eux une longue et riche histoire et qu'au cours des migrations, qui les ont conduits à se répandre finalement à travers tout l'Océan Pacifique, leur organisation sociale et leur système religieux ont dû subir plus d'un remaniement profond Mais ce n'est pas un problème d'origines que nous cherchons à résoudre. Nous nous demandons ce que l'appareil religieux et moral, que constituent le sentiment du péché et le rituel expiatoire, devient quand on se transporte dans une civilisation relativement peu avancée quelle qu'en soit la date et quelles qu'en soient les origines. Il est incontestable que la civilisation des Polynésiens satisfait à cette condition : leur technique, leur savoir n'ont jamais atteint un développement qui les rendît indépendants de la nature ambiante et si, en quelques îles, à Tahiti et à Hawaï notamment, ils s'étaient élevés avant l'arrivée des Européens à un régime féodal ou monarchique impliquant un État assez centralisé, cette organisation sociale se rattache d'une façon encore évidente aux groupements simples et limités qui constituaient la société marquisienne ou que M. Elsdon Best a encore pu observer de nos jours dans certaines tribus montagnardes de l'intérieur de la Nouvelle-Zélande. Quand même il serait vrai, comme l'affirme le Père Schmidt, que dans l'échelle des religions humaines les Polynésiens occupent le dernier degré d'une évolution descendante. ce serait encore une expérience instructive que de voir ce que deviennent en s'enfonçant au plus profond de la matière humaine les purs concepts de la révélation. En quelque sens que se soit produite l'évolution qui

III. Comment l'Ethnologie peut éclairer la genèse de ces notions.

relie les protozoaires aux organismes supérieurs, les comparaisons anatomiques ou physiologiques que le biologiste institue entre les différents types de la série animale n'en conservent pas moins leur légitimité et leur valeur. Peu nous importe, à la rigueur, que les croyances polynésiennes relatives au péché et à l'expiation aient dû précéder ou suivre dans l'ordre chronologique les croyances d'un caractère un peu différent qui nous observons chez d'autres peuples ; l'essentiel est que l'étude de ces faits lointains nous aide à mieux comprendre les phénomènes offerts par les religions les plus proches de nous et présents dans nos consciences.

Mais, en outre, il est bien probable que la théorie de la dégénérescence religieuse, renouvelée par le Père Schmidt, est de toutes les hypothèses évolutionnistes la plus difficile à défendre. En ce qui concerne particulièrement le péché et l'expiation, nous essaierons de prouver, quand le moment en sera venu, que l'état de choses, qui existait encore récemment dans les sociétés du Pacifique, s'il ne mérite aucunement d'être qualifié de *primitif*, n'en doit pas moins être considéré comme un *antécédent* par rapport aux formes historiquement connues : en particulier il se relie sans effort aux phénomènes présentés à cet égard par les sociétés antiques, juive, grecque et romaine, dont la religion chrétienne, humainement parlant, est sortie. Si cette démonstration est fondée, l'enquête ethnographique nous aura permis de restituer un état de choses, non certes primitif et originel, mais très suffisamment archaïque.

IV. Définition provisoire du Péché et de l'Expiation.

Mais, au seuil de l'enquête ethnographique se présente une difficulté qui semble redoutable. À quels signes allons-nous reconnaître que les croyances et les coutumes très différentes des nôtres, que nous rencontrons dans les sociétés inférieures, méritent, oui ou non, d'être rangées sous les rubriques familières du péché et de l'expiation ? Si nous nous montrons trop rigoureux, si nous refusons de faire entrer en ligne de compte tous les faits qui ne cadrent pas parfaitement avec notre idée actuelle du péché, nous méritons le reproche que nous adressions tout à l'heure à certains missionnaires : nous prenons nos préjugés, très particuliers et très récents, pour mesure de la réalité universelle. Si, au contraire, nous ouvrons les portes toutes grandes, si nous nous contentons d'une analogie lointaine pour assimiler des institutions très disparates, nous risquons de comparer sans aucun fruit des choses qui n'ont entre elles aucun rapport défini. Pour sortir de ce cercle d'arbitraire, il nous faudrait une définition objective du péché et de l'expiation, suffisamment large pour convenir, comme disent les logiciens, à tout le défini et suffisamment précise pour ne convenir qu'à lui seul. Mais où trouver une définition de ce genre ?

Quelques-uns nous conseilleraient sans doute de nous en tenir aux données de l'expérience et de faire consister le péché dans l'ensemble des péchés que dénonce notre morale. Une énumération exhaustive, telle que la pourrait faire, par exemple, un confesseur expérimenté, serait la meilleure définition du péché. Un semblable inventaire serait à coup sûr fort instructif; mais il ne servirait en rien notre recherche ; bien plus, il l'orienterait à contre-sens. Deux sociétés peuvent avoir exactement la même idée du péché tout en l'appliquant à des actions diamétralement opposées ; inversement, on peut concevoir que cette idée change de forme et de caractère, sans que la table des péchés subisse aucun changement grave. Assurément, c'est une recherche légitime et importante que de déterminer la nature des actions dénoncées par la conscience morale d'une société donnée et le comparer entre eux les nombreux catalogues de péchés que les divers peuples ont élaborés. Mais cette recherche, qui porte sur le contenu d'une certaine classe de jugements moraux, est complètement distincte de celle qui tend à rendre compte de ce qu'on pourrait appeler les catégories de la moralité. À mêler les deux problèmes on ne fait qu'en rendre la solution plus difficile. Quiconque s'efforce d'étudier scientifiquement la notion du péché a pour premier devoir de faire abstraction de ses habitudes et de ses sentiments moraux les plus familiers : il doit exercer son imagination à envisager sous l'angle du péché des actions qu'il est accoutumé à regarder comme moralement indifférentes ou même comme méritoires.

Devons- nous écouter plutôt les théologiens qui s'offrent à nous révéler l'essence profonde du péché ? Les fruits de l'arbre maudit ont, au cours des siècles, changé d'aspect et de couleur, mais les

IV. Définition provisoire du Péché et de l'Expiation.

racines en seraient toujours les mêmes et c'est par elles qu'il faut définir le péché : ce sont le, manque d'amour, l'orgueil rebelle, la suffisance d'une créature finie, qui méconnaît le bien par où elle dépend du Créateur et qui s'érige elle-même en absolu. Mais, si intéressantes que soient ces « définitions », elles ne sauraient guère prétendre à l'objectivité : aucune d'elles, que je sache, n'a réussi à rallier l'unanimité des penseurs chrétiens et en tous cas elles sont profondément étrangères à la masse des croyants Ces tentatives d'interprétation psychologique ou métaphysique du péché nous instruisent sur l'idée que s'en font des penseurs habitués a réfléchir susr leur moralité; mais elles n'atteignent pas le péché, tel qu'il vit et agit dans la croyance et dans la pratique religieuses des fidèles. Les théories explicatives des théologiens nous aideront peut-être à interpréter les faits que nous aura révélés l'enquête comparative ; mais il serait dangereux, au point de départ de cette enquête, de nous appuyer sur un fondement aussi chanceux.

Ainsi, ni la constatation brute des péchés honnis par notre conscience. ni la définition spéculative du péché considéré comme une entité métaphysique ne conviennent à notre dessein. Il ne nous reste pas, dès lors, d'autre ressource que de procéder consciemment comme le font en général les historiens des institutions, le plus souvent sans y prendre garde. Prenons pour terme de comparaison une notion du péché et de l'expiation, construite d'après les données de notre expérience sociale présenté - comme nous sommes avertis de la subjectivité nécessaire de conceptions relatives à un état de civilisation déterminé, nous pourrons essayer de l'atténuer et de la corriger à l'aide des données que nous offre l'histoire.

Envisagées dans leur forme, toutes les actions que nous considérons comme des péchés présentent à nos yeux ce trait commun d'être des *transgressions*. Le pécheur viole la loi ; il sort de la voie droite que l'ordre établi assigne à la conduite des hommes; il s'égare et manque le but [mot grec]. Mais le péché consiste, non seulement dans une action transitoire,mais dans un état qui subsiste après que la cause initiale a disparu : le fidèle, qui enfreint une interdiction grave, se met du même coup en *état de péché mortel*. Cet état nouveau, notons-le bien, résulte immédiatement, automatiquement de l'action contraire a la loi ; ni Dieu. ni l'Église n'interviennent dans sa production. L'état de péché enveloppe

Robert Hertz

pour le fidèle des peines et des dangers redoutables : il le prive de la situation, de la capacité, des droits qu'il avait dans l'Église, en particulier du droit de communier ; il implique la menace d'afflictions temporelles qui peuvent atteindre le pécheur soit dans sa personne, soit dans ses biens, soit dans ses proches ou ses descendants; surtout, il décide virtuellement du sort de l'âme dans l'au-delà et la condamne à une mort éternelle, c'est-à-dire à des souffrances sans fin et à une exclusion définitive du séjour céleste. Cet état, qui succède inéluctablement à l'acte mauvais, ne cesse pas de lui-même : ou bien par le concours de Dieu, de l'Église et du pécheur, il est aboli par une intervention sacramentaire, spécialement destinée à la délivrance du pénitent; ou bien il se prolonge jusqu'à la mort du pécheur endurci pour produire ensuite ses conséquences effroyables et désormais irréparables. Ainsi la transgression qu'est le péché porte en elle-même sa propre condamnation. Dieu et l'Église ont le pouvoir soit de tirer le pécheur de sa misère, de le sauver s'il le veut, soit d'expliquer et de ratifier la sentence qui doit l'écraser; mais c'est lui-même qui en péchant s'est damné. Le péché se définit donc : une transgression qui, par le seul fait qu'elle s'accomplit, tend à produire la mort.

Mais cette définition est encore trop vague. Notre conscience connaît plusieurs autres espèces d'infractions, toutes suivies de conséquences plus ou moins graves pour le transgresseur. Voyons par quels caractères le péché s'en distingue.

Prenons d'abord le cas d'un malade, d'un diabétique par exemple, qui, par ignorance ou par légèreté, commet une infraction grave au régime que le médecin lui a prescrit et qu'en tout cas son état de santé requiert. Les conséquences ne se font pas attendre - l'état du malade empire et, sauf intervention heureuse, au bout d'un temps plus ou moins long, c'est la mort. Nous retrouvons ici plusieurs des éléments caractéristique du péché : à l'origine, un manquement à l'ordre; puis, immédiatement un changement funeste dans l'état du délinquant ; un enchaînement de souffrances qui aboutit à la catastrophe finale. Cette analogie a frappé les Pères de l'Église et les orateurs sacrés qui assimilent très souvent le péché à une maladie interne. Pourtant, personne d'entre nous ne songera jamais à faire de l'imprudence même fatale du diabétique un péché authentique; entre ces deux espèces d'infraction notre conscience établit une

IV. Définition provisoire du Péché et de l'Expiation.

distinction profonde. De même, si un téméraire passe outre aux avertissements de l'autorité ou du simple bon sens et s'aventure pour sa perte, nous verrons en lui une victime à plaindre plutôt qu'à blâmer. Peut-être lui reprocherons-nous sévèrement ce « suicide par imprudence » ; mais notre réprobation ne sera ni très assurée ni très violente: chacun n'est-il pas libre, à moins d'obligations impérieuses, d'affronter la mort à ses risques et périls et quelle est la limite qui sépare la folie de l'héroïsme ? En tous cas, aucun de nous n'aura l'idée de considérer comme un péché une action risquée suivie d'un accident mortel. Le fondement de cette distinction n'est pas difficile à découvrir. Dans le cas de l'imprudent, fout le processus qui va de l'infraction à la mort se déroule sur le plan de la nature physique. La victime de l'accident ne fait que subir les conséquences pour ainsi dire mécaniques que son initiative a déclanchées. L'ordre contre lequel l'infraction a été commise est purement physique : il s'impose à nous comme un fait inéluctable ; il ne commande ni notre respect ni notre sympathie ni notre adoration. Nous n'éprouvons à l'égard du transgresseur aucune indignation morale : s'il succombe dans l'épreuve où il s'est engagé, nous regardons son malheur comme un effet nécessaire des forces en jeu, nous n'y voyons pas un châtiment mérité ; s'il en sort sain et sauf, notre sens de la justice n'élève aucune protestation l'ordre de la nature ne nous paraît ni ébranlé, ni entamé l'heureuse issue de l'événement prouve seulement que, soit par son adresse, soit par suite d'un concours de circonstances favorables, les forces qui tendaient à la catastrophe ont été neutralisées par des forces contraires ou n'ont pas eu l'occasion de produire leur effet. Tout autre est le caractère du péché : c'est à un ordre idéal et moral qu'il attente. Et cet ordre n'est pas l'ensemble des rapports constants entre les phénomènes et des normes pratiques qui en découlent, tel que nous le découvrent les physiciens et les biologistes, les ingénieurs et les hygiénistes ; mais c'est un système de prescriptions et surtout de défenses que nous révèle au nom de Dieu la société religieuse à laquelle nous appartenons. De là vient le caractère spécifique du péché : il n'a d'existence que par rapport à une loi sacrée proclamée ou reconnue par la foi. Dans la mesure où la foi est vive chez le pécheur lui-même et chez ceux qui l'entourent, la transgression provoque l'horreur et la détestation que fait naître tout sacrilège.

Robert Hertz

Comme le péché va à l'encontre non d'une nécessité de fait mais d'un désir divin, il étonne et inquiète les fidèles ; ceux-ci attendent avec anxiété que Dieu maintienne sa loi et prouve que le péché est bien un péché en lui faisant produire ses conséquences prévues. Mais le pécheur, qui ne croit pas au péché et qui réussit à cacher son méfait, peut vivre sans éprouver aucun changement réel et physique de sa personne : pour lui, au moins jusqu'au jour où la foi se réveille dans son cœur, le péché est comme s'il n'était pas. Tandis que l'action risquée enfreint un ordre tout physique et engendre l'accident mortel par le seul jeu des énergies où elle vient s'insérer, le péché attaque un ordre moral, prescrit par l'Être divin, et ne produit ses conséquences que dans la mesure où la foi est là pour donner réalité et vie à des représentations d'ordre idéal.

Mais il existe à côte du péché d'autres infractions d'un caractère moral qui présentent avec lui des rapports plus ou moins étroits, je veux parler de la faute contre l'honneur et du crime. Si un homme, qui fait partie d'une caste aristocratique ou d'une communauté fermée, commet certaines actions que le groupe juge incompatibles avec sa dignité, si, par exemple, noble, il ne paie pas une dette de jeu ou accepte sans en exiger réparation une offense grave, il se sent aussitôt l'objet d'une sorte d'excommunication ; même si sa faute est secrète, il anticipe la réprobation de ses pairs, il se sent lui-même diminué, dégradé, perdu : ou bien il n'a plus qu'une idée qui est de réparer son honneur lésé et sacrifie tout à cette hantise, ou bien, si c'est impossible, il s'abandonne lui-même et cherche le repos dans l'exil ou même dans la mort. L'analogie avec le péché est frappante. Ici aussi l'infraction est dirigée contre un ordre idéal, qui régit un monde de réalités impondérables. Ici aussi l'infraction, sitôt qu'elle se produit, détermine un changement profond dans la personne du coupable, qui se manifeste jusque dans son apparence extérieure. Ici aussi l'infraction traîne après elle la peine et la souffrance par une sorte de *nexum* intérieur ; sans doute, les représentants du groupe peuvent exprimer officiellement au membre qui a forfait à l'honneur la répulsion qu'il leur inspire et lui signifier son exclusion; niais cette intervention n'est pas nécessaire. Celui qui, par sa faute on par l'atteinte d'autrui ne possède plus intact son honneur se sent aussitôt privé d'une qualité mystérieuse qui faisait corps avec son être, qui était pour

IV. Définition provisoire du Péché et de l'Expiation.

lui le premier des biens, plus précieux que la vie même. Et, comme l'état de péché, l'état de déshonneur subsiste aussi longtemps que la mort ou une réparation suffisante n'y a pas mis un terme.

Mais cette parenté des deux notions n'empêche pas que notre conscience ne les distingue radicalement. D'abord le code de l'honneur a des exigences très différentes de celles auxquelles contrevient le péché ; parfois, les deux morales sont en conflit ouvert; mais, même quand elles s'accordent et que la forfaiture et le péché coïncident, il y aune divergence profonde dans l'inspiration et dans les sentiments mis en jeu. S'il y a, comme nous l'avons vu, quelque chose de religieux dans la faute contre *l'honneur,* il s'agit là d'une religiosité diffuse et pour ainsi dire terrestre. Tandis que le péché intéresse à la fois Dieu, l'Église et le pécheur, la forfaiture ne concerne que celui qui en est l'objet et la société dont il a trompé l'attente; aucune puissance surhumaine ne fait ici sentir sa colère ni ne conspire à l'écrasement du transgresseur. Tandis que la détresse du pécheur vient surtout de ce qu'il se sent écrasé par une force supérieure qu'il a comme déchaînée lui-même pour sa ruine, la souffrance de l'homme déshonoré consiste essentiellement dans le sentiment d'avoir déchu, d'avoir détruit la haute valeur qui le mettait hors du vulgaire et qui lui assurait le respect et l'estime de ses pairs et de lui-même. Le pécheur est principalement préoccupé de son destin après la mort ; la victime du déshonneur se soucie peu de l'au-delà ; c'est son bonheur et sa fierté sur cette terre qui sont surtout en jeu. Enfin, la faute contre l'honneur émeut une société restreinte, définie par le sentiment qu'elle a de sa dignité propre et par le fait qu'elle forme à l'intérieur de la grande communauté un groupe homogène et presque clos ; au contraire, le péché émeut l'Église, c'est-à-dire une société essentiellement égalitaire et universaliste de tendances, qui offre à tous les hommes sans distinction le salut par le baptême et par l'obéissance à sa loi. Même lorsque les deux notions de l'honneur et de la sainteté se diluent, se détachent des groupements sociaux définis où elles se sont constituées pour venir en quelque sorte se fondre dans la personnalité de chaque individu, elles ne continuent pas moins de faire appel à des forces morales très différentes : l'une fait rejeter certaines actions comme incompatibles avec la dignité humaine et avec la fierté de l'individu désireux de se distinguer des vilains; l'autre propose à la volonté un idéal transcendant, souvent hypostasié dans un Être divin, auquel elle doit se conformer avec abnégation.

Le crime paraît soutenir avec le péché des rapports plus étroits. La loi qu'il viole commande d'un ton impérieux à tous les membres de la société et elle veut être obéie non pour le surcroît de valeur qu'elle confère ou garantit aux individus, mais simplement parce qu'elle est la loi, la norme de la bonne conduite. Et l'impression d'épouvante indignée et d'horreur que provoquent chez la plupart d'entre nous les crimes les plus atroces, se rapproche beaucoup de la réaction psychologique déterminée par le péché. Pourtant, si ces deux notions voisinent chez nous au point de se croiser et de se mêler souvent, elles ne laissent pas d'être essentiellement distinctes. En bien des cas, les frontières de leurs domaines divergent tout à fait : certains des péchés les plus horribles, le sacrilège, par exemple . ne sont pas tenus comme criminels ; s'ils donnent lien à des poursuites pénales, ce n'est pas en raison de leur caractère intrinsè- que, mais c'est qu'il sont considérés comme des actes provocateurs dont la paix publique pourrait souffrir. De même, beaucoup de crimes ne méritent le nom de péchés que d'une manière indirecte et un peu platonique, comme infractions à la loi civile dont Dieu commande le respect. Même quand ils se rencontrent sur un même acte interdit, le crime et le péché sont tout différents de caractère et d'efficacité. Le crime n'exerce pas, comme le péché une action profonde et immédiate sur l'état du transgresseur ; il ne change pas d'un coup sa situation dans le monde, tout le destin présent et éternel d'une âme. On peut très bien imaginer qu'un meurtrier réussisse à faire disparaître toute trace de son crime, à étouffer en lui tout remords et à jouir en paix des biens volés à sa victime ; c'est ce que nous ne pouvons même pas concevoir pour le pécheur, *si nous croyons au péché*. Sans doute, cette impunité du criminel nous choque ; notre sens de la justice réclame que tout crime soit suivi d'une sanction. Mais tandis que la notion même du péché enveloppe l'idée de l'état de péché, avec toutes les misères que cet état implique, tandis que la damnation jaillit aussitôt de la transgression et n'a besoin tout au plus que d'être ratifiée par Dieu et par l'Église, le châtiment du crime, la peine proprement dite, vient frapper le criminel au bout d'un temps plus ou moins

IV. Définition provisoire du Péché et de l'Expiation.

long, et surtout elle n'est pas le fruit spontané de son acte, elle s'y ajoute après coup, comme la réponse succède à la question ou le mouvement réflexe à l'excitation sensorielle, après avoir été élaborée par un organe social spécialisé. À la rigueur, le pécheur n'a pas besoin d'être juge; car en péchant il s'est damné lui-même ; le crime, au contraire, ne commence à produire ses fruits amers que du jour où la société, par l'entremise des juges compétents, en a reconnu formellement l'existence, en a apprécié le véritable caractère et en a déterminé l'exact châtiment. Il n'y a peine que du moment où un jugement a été prononcé en bonne et due forme et exécuté selon les règles. Libre au croyant de voir dans les accidents, maladies, afflictions ou mort, qui surviennent au pécheur, la sanction de sa faute et le triomphe de la justice ; la société civile, elle, ne se satisfait pas à si bon compte. Si le criminel est tué par les policiers qui venaient l'arrêter, ou s'il réussit à se suicider, ou s'il meurt de maladie sans attendre l'exécution, notre sens de la justice proteste : ce n'est pas une mort quelconque qui peut éteindre la dette contractée par le criminel envers la société ; en se dérobant au châtiment régulier, à la froide exécution d'une sentence mûrement réfléchie, il frustre la communauté de la victime qu'elle attend. Ce n'est pas que le péché paraisse exiger une sanction moins grave que le crime ; bien au contraire, mais aux yeux du croyant, le châtiment matériel et terrestre n'est que la plus petite partie de la peine que le péché traîne après lui : dans la maladie, dans la mort même, il n'aperçoit que l'annonce et le début d'une malédiction éternelle. Pour la justice pénale an contraire, la souffrance infligée au criminel est le tout de la peine ; c'est pourquoi, si elle n'a pas le caractère d'une punition administrée juridiquement, le crime n'est pas vengé.

À cette différence, qui existe entre les sanctions du crime et du péché, correspond une diversité essentielle des deux actes. Tous deux sont des infractions à un ordre idéal auquel les hommes sont tenus de conformer strictement leur conduite. Mais l'ordre auquel attente le crime règle seulement les rapports extérieurs des personnes et des choses qui composent la société: la qualité criminelle de l'acte résulte de la défense édictée par la loi, par égard pour les droits et les intérêts des citoyens. Les mobiles du criminel peuvent intervenir dans la décision du juge à titre de circonstances atténuantes ou aggravantes ; mais ce qui l'intéresse directement, c'est avant tout l'acte envisagé sous son aspect externe et objectif, la violation expresse et manifeste d'un article du Code pénal. C'est pourquoi il ne peut y avoir crime s'il n'y a pas eu au moins commencement d'exécution. Le péché au contraire retentit dans un monde de réalités intérieures et profondes. La loi qu'il enfreint n'émane pas de la raison froide et anonyme du législateur ; elle est l'expression saisissable de la personnalité même de Dieu. Et cette infraction ne réside pas essentiellement dans l'exécution d'un geste interdit: il suffit, pour qu'il y ait péché, d'une intention mauvaise et d'une rébellion purement subjective de la créature contre le Créateur. Tout ici est intérieur et spirituel : « le péché, comme dit Bossuet, est un mouvement de la volonté de l'homme contre les ordres suprêmes de la sainte volonté de Dieu [1]. » Une volonté profane insurgée contre une volonté sainte qui doit être sa loi, une âme s'aliénant elle même Dieu qui est l'auteur de son salut, voilà ce qui fait le péché pour les chrétiens éclairés et voilà ce que le Code pénal fait profession d'ignorer. C'est parce que le péché est essentiellement une rupture intérieure de la paix qui unit Dieu et le fidèle qu'il affecte aussitôt leur être à tous deux : en particulier, comme le bien-être ou la misère, la vie ou la mort spirituels dépendent entièrement du rapport de l'âme à l'Être divin dont elle émane, il est inévitable que le péché le plus secret, le plus intime et le plus fugitif réagisse sur le destin et sur l'être même du transgresseur. Et, puisque la société religieuse et la société civile ont aujourd'hui des attributions nettement séparées, celle-ci s'efforçant de garantir à chaque individu le libre exercice et la sécurité de ses droits, celle là travaillant à la gloire de Dieu et au salut des âmes, nous pouvons résumer les conclusions de l'analyse qui précède en quelques mots ajoutés à notre définition initiale : *le péché est une transgression d'un ordre moral, qui est considérée comme entraînant par sa vertu propre des conséquences funestes pour son auteur et qui concerne exclusivement la société religieuse.*

Tel est l'aspect sous lequel se présente aujourd'hui dans notre conscience la notion du péché; mai rien ne nous autorise à affirmer que tous les éléments mis au jour par l'observation actuelle ont un caractère permanent et essentiel. Une connaissance même

---

1 *Sermon sur la nécessité de la Pénitence.* 3e dim. de l'Avent.

IV. Définition provisoire du Péché et de l'Expiation.

superficielle du passé de notre civilisation dissiperait cette illusion, s'il en était besoin. Il n'est pas nécessaire de remonter jusqu'à la préhistoire pour voir s'évanouir plusieurs des distinctions qui nous paraissent aujourd'hui les plus profondes. Dans l'Ancien Testament, le nom de péché, est souvent appliqué à des actions qui ne nous semblent avoir qu'un rapport lointain avec la morale : il dénote par exemple, des contacts imprudents et terriblement dangereux avec des objets chargés d'une énergie divine, en particulier avec l'arche sainte. Il est malaisé de faire cadrer ces transgressions avec les principes de notre éthique spiritualiste ; elles paraissent s'apparenter plutôt aux infractions contre l'ordre qui régit le monde physique, si ce n'est que les forces destructrices déclanchées par la profanation sont ici de nature occulte et spirituelle. Plus d'un récit de la Bible nous donne l'impression que la distinction qui nous semblait si claire et si manifeste entre le péché et l'imprudence fatale, entre le châtiment divin et l'accident brutal, ne s'était pas encore produite à l'époque où ces passages ont été rédigés. De même, si nous nous transportons dans les sociétés antiques, en Grèce ou à Rome, nous chercherons vainement en bien des cas les critères qui établissent chez nous une séparation radicale entre, le péché et le crime. Certaines infractions, par exemple le parjure, sont tenues à la fois pour criminelles et pour impies et la société humaine s'abstient scrupuleusement de les châtier, comme si elle avait peur de commettre un sacrilège en substituant sa justice à la justice divine : *deorum injuriae dis curae* comme l'écrit Tacite. En d'autres cas la sanction pénale consiste à consacrer le coupable, c'est-à-dire à le vouer à la colère des divinités qu'il a provoquées. Quand le crime et la peine sont à ce point marqués d'un caractère religieux, ils sont bien près de se confondre avec le péché et ses suites. - Enfin, nous n'avons même pas besoin de remonter si loin dans le passé pour voir la faute contre l'honneur revêtir, elle aussi, une signification presque mystique et se rapprocher singulièrement du péché Le chevalier du moyen âge considérait certaines offenses comme mortelles, non moins que le péché. Perdre l'honneur, c'est, pour lui, perdre la partie la plus précieuse de son être, c'est perdre son âme ; et ce changement profond et substantiel de sa personnalité le rend incapable de toute joie terrestre et lui rend désirable une mort, qui à elle seule n'est pas même une délivrance.

Robert Hertz

Gardons-nous donc de considérer comme fondées dans la nature des choses des distinctions qui peuvent être relatives à un état de civilisation relativement récent et peut-être transitoire. Il se peut fort bien que la spécificité des divers types d'infractions que nous distinguons radicalement aujourd'hui corresponde à la différenciation des fonctions et des groupes sociaux, qui est sans doute un des caractères dominants de notre civilisation. Du moins, c'est une hypothèse qui mérite d'être envisagée. En ce cas, nous ne nous étonnerions pas de voir s'effacer dans les siècles passés certains des contours définis où est enfermée aujourd'hui la notion du péché. Dans les sociétés, où la science n'est pas encore constituée et où, par suite, la distinction de l'ordre physique et de l'ordre moral est encore à peine ébauchée, où la vie religieuse est diffuse à travers tout le corps social, embrassant aussi bien la société civile et politique que les groupes secondaires, tels que les familles, les castes ou les corporations, nous devons nous attendre à voir assimilée au péché la transgression de toutes les lois admises par la croyance commune. Chez nous, au contraire, la religion est devenue une fonction distincte de la vie collective, qui est assumée par un organe social spécialisé, l'Église, et dont le domaine est étroitement circonscrit : elle a surtout pour objet de donner satisfaction aux besoins intérieurs, spéculatifs et moraux, des individus. Dès lors, la transgression religieuse ou péché nous apparaît surtout caractérisée par son aspect subjectif et personnel nous y voyons essentiellement une direction dépravée de l'intention morale, une attitude perverse de la conscience intime envers l'Être divin, de quelque façon qu'on se le représente. Nous attachons une importance particulière à ces caractéristiques précisément parce qu'elles différencient nettement le péché des autres sortes d'infractions et parce qu'elles peuvent seules conférer au péché une valeur religieuse. Mais, si nous songeons que cette spécialisation et cette étroite délimitation de la société religieuse dans le domaine de la vie intérieure résultent de causes complexes qui n'ont produit plein effet que dans l'Europe moderne nous éviterons d'attribuer une valeur universelle et absolue à des modalités particulières du péché, qui sont peut-être liées à la situation faite à la religion dans quelques sociétés évoluées.

IV. Définition provisoire du Péché et de l'Expiation.

ISBN : 978-1532722264

www.ingramcontent.com/pod-product-compliance
Lightning Source LLC
Chambersburg PA
CBHW070839310526
45788CB00018B/2610